Silke Krome

Haustiere

grafisches Gesamtkonzept:
Christine Anuschewski

Leselauscher -
Buch geschnappt und aufgeklappt!
Leselauscher -
ausprobiert und mitgemacht!

Leselauscher -
Ohren auf und Hörbuch an!
Leselauscher -
jetzt bist du mal dran!

Lesen ist wie fliegen,
sich im Sturm zu wiegen,
Drachen zu besiegen
und in der Sonne liegen.

Hören ist wie gleiten,
auf hohen Wellen reiten,
reisen durch die Zeiten
und über Berge schreiten.

Dieses Buch gehört: _____

Hallo Leselauscher!

Dieses Buch kannst du nicht nur lesen. Du kannst es auch hören!

Am besten hörst du erst einmal in die CD hinein und schaust dir dazu die Bilder an.
Das Symbol oben auf der Seite zeigt dir die passende Tracknummer auf der CD an:

Wenn du dann die Texte selbst liest, kann dir die CD dabei helfen, die Texte
besser zu verstehen. Je öfter du liest und hörst, desto besser klappt das Lesen.
Infos kannst du dir dann auch besser merken. Denn Leselauscher wissen mehr!

Viel Spaß beim Lesen, Hören, Entdecken und Mitmachen!

Diese Infos helfen dir, den Text besser zu verstehen.

Hier gibt es zusätzliche Infos.

Hier findest du Anleitungen zum Mitmachen, Basteln, Nähen, Ausprobieren …

Bibliografische Information der Deutschen Bibliothek
Die Deutsche Bibliothek verzeichnet diese Publikation in der Deutschen Nationalbibliografie;
detaillierte bibliografische Daten sind im Internet über http://dnb.ddb.de abrufbar.

www.buchverlagkempen.de

2. Auflage, Kempen 2018
© 2018 BVK Buch Verlag Kempen GmbH, Kempen
Best.-Nr.: SB34, ISBN 978-3-86740-813-4

Nach der neuen deutschen Rechtschreibung

Alle Rechte dieser Ausgabe vorbehalten durch: BVK Buch Verlag Kempen GmbH

Autorin: Silke Krome, Tönisvorst
Hrsg.: Hans-Jürgen van der Gieth, Kempen / Sandy Willems-van der Gieth, BVK
Lektorat: BVK
Umschlaggestaltung: Christine Anuschewski, BVK
Layout und Gestaltung: Christine Anuschewski, BVK
Druck / Bindung: GrafikMediaProduktionsmanagement GmbH, D-Köln
Printed in Europe

Bildnachweise:
Shutterstock.com • stock.adobe.com; S. 30 / 31: Daniela Heirich (Kaninchen auf dem Arm, Kaninchengehege, Futterbaum);
S. 36 / 37: Patrick van der Gieth (Häuschen, Meerschweinchen auf dem Arm), S. 46: Claus Krome (Hund)
Umschlag und S. 4: Logo mit freundlicher Genehmigung von VIER PFOTEN – Stiftung für Tierschutz, www.vier-pfoten.de
S. 42: Logo Deutscher Tierschutzbund e. V.

CD (Spieldauer: ca. 80 Min.):
Sprecher(in): Patrick van der Gieth, Kempen /
Kirstin Hesse, Köln
Leselauscher-Song: Janina Haselbach, BVK /
Sandy Willems-van der Gieth, BVK (Text);
Patrick van der Gieth, Kempen (Musik);
Patrick van der Gieth, Kempen /
Kirstin Hesse, Köln (Gesang)
Produziert von: INSIDEaudio, Kempen

Leseshows für Schulen, Kindergärten und Buchhandlungen. Infos unter
www.leselauscher.com

Inhaltsverzeichnis

Lieber Leselauscher,

wir freuen uns sehr, dass du dich für Haustiere und ihre Bedürfnisse interessierst! Vielleicht hast du bereits ein eigenes Tier oder du und deine Eltern überlegt gerade, eines aufzunehmen? Als Tierschutzorganisation, die sich weltweit für den Schutz von Wild-, Nutz- und Haustieren einsetzt, bekommen wir täglich Anrufe und E-Mails mit Fragen zu genau diesen Themen: „Welches Haustier passt zu mir? Wie versorge ich es richtig? Und vor allem: Woher bekomme ich es?"

Besonders wichtig ist uns, dass jeder, der sich ein Heimtier wünscht, erst einmal gründlich überlegt, welches Tier überhaupt zur Familie passt und ob es genug Platz in Haus, Wohnung und Garten hat. Allergien müssen in der ganzen Familie ausgeschlossen werden und es sollte sich jeder ausreichend Zeit für die Versorgung und Pflege des neuen Familienmitglieds nehmen können. Auch Kosten für Futter, Ausstattung und Tierarztbesuche dürfen kein Problem sein. Das alles gilt für einen oft langen Zeitraum, eben ein Tierleben lang.

Wenn ihr euch als Familie dann für eine passende Tierart entschieden habt, sollte euch der erste Gang in ein Tierheim führen. Hier warten so viele große und kleine Vierbeiner auf ein liebevolles, neues Zuhause. Oft wird uns erzählt, wie dankbar diese Tiere sind und wie viel Spaß sie ihren neuen Familien bereiten.

Dieses Buch wird dir helfen, ein richtiger Haustierexperte zu werden, und erklärt dir, wie du deinem Haustier ein wunderschönes Tierleben bescheren kannst.
Wir wünschen dir viel Spaß beim Lauschen und Lesen.

Dein VIER-PFOTEN-Team

Sophie und Henry

Hallo,

ich bin Sophie und das ist mein Hund Henry. Henry ist ein Golden Retriever und mein bester Freund. Wir gehen jeden Tag gemeinsam spazieren und spielen oft in unserem Garten.

Wenn ich meine Hausaufgaben mache, liegt Henry meistens neben meinem Schreibtisch und macht ein Nickerchen. Er ist immer für mich da, auch wenn ich einmal traurig bin.

Ich kümmere mich gern um Henry und finde es schön, dass wir so viel Zeit miteinander verbringen. Henry ist ein richtiges Familienmitglied, er gehört einfach dazu.

Meine Eltern, mein großer Bruder und meine große Schwester kümmern sich natürlich auch um ihn. Aber die meisten Aufgaben wie das tägliche Spazierengehen, Füttern und Bürsten übernehme ich. Schließlich ist Henry mein Hund und ich möchte auch die Verantwortung für ihn übernehmen.

Hast du auch ein eigenes Haustier oder möchtest gern eins haben? Ich erzähle dir, welche verschiedenen Haustiere es gibt und wie du sie richtig pflegst. Denn es macht großen Spaß, sich um ein eigenes Tier zu kümmern. Hier wirst du ein richtiger Haustier-Experte!

Das braucht dein Hund

Henry schläft manchmal bei mir in meinem Zimmer. Dann rollt er sich auf dem Teppich zusammen. Sein Hundekörbchen steht im Wohnzimmer. Wenn Henry sich in sein Körbchen legt, will er seine Ruhe haben. Aber sobald ich seinen Napf mit Futter fülle, kommt Henry angelaufen. Für sein Lieblingsfutter unterbricht er sofort jedes Nickerchen.

Hunde brauchen einen festen **Schlafplatz** im Haus oder in der Wohnung. In einem eigenen Hundebett oder Körbchen fühlen sie sich besonders wohl. Außerdem braucht dein Hund einen Wassernapf und einen Futternapf. Der Wassernapf muss immer mit sauberem Wasser gefüllt sein. **Futter** bekommt dein Hund am besten zweimal am Tag, morgens und abends. Es gibt Fachgeschäfte, in denen man das Futter für sein Haustier kaufen kann. Auch die meisten Supermärkte haben eine Abteilung mit Tierfutter. Es gibt viele verschiedene Sorten Hundefutter und du kannst ausprobieren, welches deinem Hund am besten schmeckt. Essen vom Tisch, zum Beispiel dein Mittagessen, ist kein Hundefutter. Es ist meistens zu sehr gewürzt und viele Hunde vertragen es nicht. Deswegen solltest du deinem Hund nur richtiges Hundefutter geben.

Damit dein Hund sich nicht langweilt, braucht er viele **Spaziergänge.** Vielleicht machst du auch mit deiner Familie und deinem Hund einen Wanderausflug. Die meisten Hunde laufen gern lange Strecken und erkunden eine Gegend, die sie noch nicht kennen. Du kannst auch mit deinem Hund spielen. Viele Hunde rennen gern hinter einem Ball her, wenn man ihn wirft. So kannst du deinem Hund richtig viel Bewegung verschaffen. Oder lasse ihn nach Leckerchen suchen, die du vorher versteckt hast. Außerdem ist es auch wichtig, das Fell deines Hundes zu pflegen. Manche **Hunderassen** haben kurzes, andere haben langes Fell. Das lange Fell verknotet schneller und muss deswegen häufiger gebürstet werden. Die meisten Hunde werden gern gebürstet, das ist für sie wie eine zusätzliche Streicheleinheit. Bei der Fellpflege kannst du auch überprüfen, ob dein Hund Zecken oder Flöhe im Fell hat.

Erfahre mehr

Mit einer Zeckenzange kann man Zecken vom Hund entfernen.

Flöhe und Zecken
Wenn sich Hunde häufig kratzen, kann es sein, dass sie **Flöhe** haben. Flöhe ernähren sich vom Blut des Hundes und beißen deswegen in seine Haut. Diese Stellen jucken dann und der Hund kratzt sich. Flöhe laufen auf dem Hund herum und verschwinden schnell im Fell, deshalb sieht man sie oft nicht sofort. Durch Flohbisse können Bandwürmer in den Hundekörper gelangen, weil Flöhe die Würmer übertragen.
Zecken ernähren sich auch vom Blut des Hundes. Eine Zecke saugt sich auf der Haut fest und bleibt dort mehrere Tage hängen, bis sie ganz vollgesaugt ist. Dann fällt sie vom Hund ab. Zecken können verschiedene Krankheiten übertragen, die für Hunde gefährlich sind. Deswegen sollte man im Sommer, wenn es viele Zecken gibt, das Hundefell nach dem Spaziergang auf Zecken absuchen. So können die Zecken sich erst gar nicht im Hund festbeißen. Zecken können übrigens auch für Menschen gefährlich sein!

Leben im Rudel

Heute Nachmittag habe ich mit Henry und meiner Mama einen langen Spaziergang im Wald gemacht. Für Henry ist es wichtig, dass wir jeden Tag mit ihm spazieren gehen. Wenn er einmal dringend muss, macht er das auch manchmal in unserem Garten. Aber er braucht viel Bewegung, damit er sich austoben kann. Am Wochenende machen wir oft Spaziergänge mit der ganzen Familie. Dann kommen auch Mama, Papa, meine Schwester und mein Bruder mit. Das findet Henry besonders schön, weil dann das ganze Rudel zusammen unterwegs ist.

Für den Spaziergang mit deinem Hund brauchst du eine **Leine** und ein **Hundegeschirr** oder ein **Hundehalsband.** Wenn dein Hund viel an der Leine zieht, ist es besser, wenn du ihm ein Geschirr anlegst. Mit einem Halsband bekommt er sehr viel Druck auf den Hals. Die **Halswirbelsäule** ist bei Hunden sehr empfindlich. Außerdem können manche Hunde ihren Kopf aus dem Halsband ziehen, wenn es nicht eng genug sitzt. Das kann bei einem Geschirr nicht so leicht passieren.

! Das musst du wissen

Das Rudel

Hunde stammen von Wölfen ab. Wölfe leben in Gruppen zusammen, diese Gruppen nennt man **Rudel.** In einem Rudel gibt es eine feste **Rangordnung** und ein Tier ist der Anführer. Die anderen Tiere ordnen sich dem Anführer unter. Wenn ein Hund zusammen mit einer Familie lebt, ordnet er sich dem Anführer des Rudels, also der Familie, unter.

Halsband

Geschirr

Es ist alles in Ordnung.

Ich will spielen.

Wir beschnuppern uns aufmerksam.

Beim Spaziergang mit deinem Hund hältst du ihn an der Leine. Das ist wichtig, damit dein Hund nicht wegläuft und zum Beispiel auf die Straße rennt. Aber auch für die Begegnung mit anderen Menschen und Hunden ist das wichtig. Manche Menschen haben Angst vor Hunden und möchten nicht, dass ein Hund einfach auf sie zurennt oder sie anspringt. Und Hunde, die sich noch nicht kennen, mögen sich manchmal nicht. Deswegen ist es besser, wenn sie an der Leine geführt werden. Es gibt auch eingezäunte **Hundespielplätze,** dort darfst du deinen Hund frei laufen lassen. Dann kann er mit anderen Hunden spielen und toben.

🔍 Erfahre mehr

Schwitzen
Wenn es sehr warm ist oder dein Hund viel gerannt ist, fängt er an zu **hecheln.** Das liegt daran, dass Hunde nur an den Pfoten Schweißdrüsen haben. Sie können sich also nicht so gut durch das Schwitzen abkühlen wie wir Menschen. Deswegen hecheln sie bei Hitze, um sich durch die Atmung abzukühlen.

! Das musst du wissen

Die Rute
Der Schwanz des Hundes wird auch Rute genannt. An der Rute kannst du erkennen, wie sich der Hund gerade fühlt. Zur Begrüßung wedeln Hunde meistens mit dem Schwanz. Das bedeutet, dass dein Hund sich freut, dich zu sehen.

Hundesprache

Gestern haben wir im Park Henrys Freundin Peppy getroffen. Sie ist eine Schäferhündin. Die beiden spielen sehr gern miteinander und freuen sich immer, wenn sie sich sehen. Henry und Peppy haben sich in der Hundeschule kennengelernt. Ich gehe jeden Freitagnachmittag mit Henry zur Hundeschule. Dort lernen wir immer wieder neue Sachen und haben jede Menge Spaß.

! Das musst du wissen

Das Geschlecht bei Hunden
Einen männlichen Hund nennt man **Rüde,** ein weiblicher Hund heißt **Hündin.** Ihr Nachwuchs sind die **Welpen.**

In der **Hundeschule** lernst du, wie man einen Hund richtig erzieht. Das ist wichtig, damit der Hund auf dich hört. Ihr lernt Kommandos wie „Sitz" und „Platz" und du lernst, deinen Hund richtig an der Leine zu führen. Außerdem trifft dein Hund in der Hundeschule auf andere Hunde und kann mit ihnen spielen und Freundschaften schließen.

Platz

Sitz

🔍 Erfahre mehr

So sprechen Hunde miteinander
Gerüche sind für Hunde besonders wichtig. Wenn zwei Hunde einander begegnen, beschnuppern sie sich. Der Geruch entscheidet darüber, ob Hunde sich mögen. Sie können auch mit Hilfe des Geruchs feststellen, in welcher Stimmung der andere Hund gerade ist. Um sich zu verständigen und ihr Gebiet zu **markieren,** setzen Hunde **Duftmarken.** Sie markieren mit ihrem Urin beim Spaziergang verschiedene Stellen. Der nächste Hund schnuppert daran und weiß, wer hier entlanggekommen ist.

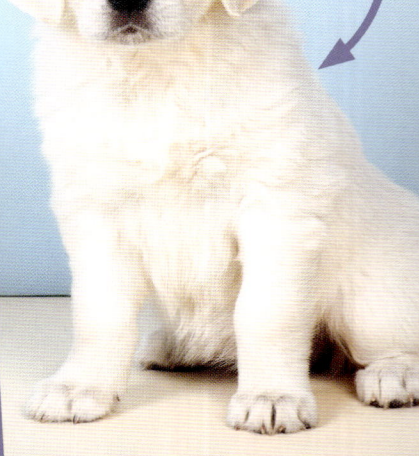

Für das Zusammenleben mit Hunden ist es wichtig, ihre **Körpersprache** zu verstehen. So weißt du immer, wie es deinem Hund gerade geht oder was er dir sagen möchte. Wenn dein Hund Angst hat, erkennst du das daran, dass er den Schwanz zwischen seine Hinterbeine klemmt und die Ohren eng an den Kopf legt. Manche Hunde haben Angst vor Gewitter oder einem Feuerwerk. Dann verkriechen sie sich zum Beispiel unter dem Tisch und zittern und jaulen.

Ich habe Angst.

Ich bin unterwürfig und ordne mich unter.

Das musst du wissen

Hundelaute

Hunde können verschiedene Laute von sich geben. Sie bellen, knurren, winseln oder jaulen. Ein bellender Hund will meistens auf sich aufmerksam machen. Knurren ist eine **Warnung.** Es bedeutet, dass man dem Hund besser nicht zu nahe kommen sollte. Wenn ein Hund Angst oder Schmerzen hat, winselt oder jault er. Es gibt aber auch Hunde, die am Esstisch betteln und dabei winseln.

Ich bin aggressiv! Komm mir besser nicht zu nahe!

Probier's doch mal

Hunde beobachten

Interessierst du dich für Hunde und möchtest mehr darüber lernen, wie man sie richtig versteht? Dann beobachte doch einmal die Hunde in deiner Umgebung. Schaue dir genau an, wie sich die Hunde verhalten, wenn sie zum Beispiel miteinander spielen oder sich beim Spaziergang begegnen. Beschnuppern sie sich? Wie halten sie ihren Schwanz? Wie ist ihr Gesichtsausdruck? Ist ihr Körper angespannt? Erkennst du, welche Hunde sich mögen und vielleicht sogar befreundet sind?

Ich bin aufmerksam.

Ich bin unsicher.

Dog Frisbee

Sportliche Hunde

Bald findet in unserer Hundeschule ein Agility-Turnier statt. Das will ich mir unbedingt ansehen! Agility ist ein Geschicklichkeitslauf für Hunde. So etwas möchte ich mit Henry auch machen. Vielleicht dürfen wir bald einen Kurs besuchen. Das wäre toll. Henry und ich besuchen nämlich schon den Aufbaukurs in der Hundeschule. Mittlerweile kennt Henry viele verschiedene Kommandos und hört auf mich. Wir haben in der Gruppe sogar schon eine Vorführung für unsere Eltern einstudiert. Bei der Aufführung haben alle Kinder aus dem Kurs mit ihren Hunden gezeigt, was sie können.

Für Hunde gibt es verschiedene Sportarten, zum Beispiel *Agility* oder *Dog Frisbee.* Beim **Hundesport** können der Hund und sein Herrchen oder Frauchen gemeinsam Spaß haben und sich bewegen.

Dog Frisbee

Bei dieser Sportart wird eine Frisbee-Scheibe geworfen, die der Hund fängt. Dabei gibt es verschiedene Disziplinen. Beim **Mini-Distance** werden in einer festgelegten Zeit möglichst viele Punkte gesammelt. Es gibt Punkte für jeden Wurf, den der Hund in dieser Zeit fängt. In der Disziplin **Long-Distance** gibt es keine Zeitvorgabe. Hierbei muss die Scheibe so weit wie möglich geworfen werden und es gibt drei Versuche. Gewonnen hat das Team, das den weitesten gefangenen Wurf erzielt. Beim **Freestyle** dürfen die Teams zwei Minuten lang einen Bewegungsablauf zeigen, den sie vorher geübt haben. Das nennt man Choreografie. Zu passender Musik werden verschiedene Wurftechniken ausgeführt und Tricks gezeigt. Die beste Choreografie gewinnt.

Agility

Beim Agility ist es besonders wichtig, dass Hund und Mensch gut zusammen- arbeiten. Der Hund läuft mit hohem Tempo durch einen **Parcours** und wird dabei mit Körpersprache und Kommandos von seinem Besitzer gelenkt. Das klappt nur gut, wenn die beiden ein Team bilden. Der Parcours besteht aus verschiedenen Sprüngen oder Hindernissen wie Reifen, Slalom, Wippe und Tunnel.

Agility

Hütehunde

Die Aufgabe eines Hütehundes ist es, eine **Herde** von Schafen oder Rindern zusammen- zuhalten und zu verteidigen. Ein Schäfer kann sich darauf verlassen, dass sein Hund dafür sorgt, dass keines der Schafe zu weit von der Herde wegläuft. Ein typischer Hüte- hund ist der **Border Collie.**
Es gibt auch einen Hundesport, der sich *Leistungs- hüten* nennt. Bei den Wettbewerben muss der Hirte zusammen mit seinem Hund eine Schafherde treiben und zusammenhalten.

Border Collie beim Hüten

Hunde im Einsatz

In den Kindernachrichten habe ich gesehen, dass es in Italien ein Erdbeben gab. Dabei sind mehrere Häuser eingestürzt und Menschen wurden unter den Trümmern verschüttet. Es wurden Hunde zu Hilfe geholt, um die Vermissten zu finden. Mit den Spürnasen der Hunde konnten ganz viele Menschen gerettet werden. Papa hat mir erklärt, dass es eine richtige Ausbildung für Hunde gibt, die danach als Rettungshunde arbeiten. Ob Henry das auch könnte?

Hunde können gut riechen und hören und haben meistens viel Ausdauer. Deswegen kann man sie für verschiedene Aufgaben einsetzen und mehr mit ihnen gemeinsam machen, als nur spazieren zu gehen.
Es gibt sogenannte **Gebrauchshunde,** die wichtige Aufgaben übernehmen. Dazu gehören zum Beispiel Spürhunde, Blindenführhunde und Polizeihunde.

Erfahre mehr

Die Hundenase
Der Geruchssinn ist für Hunde besonders wichtig. Sie verständigen sich über Gerüche mit anderen Hunden und können viel besser riechen als wir Menschen. Hunde haben sehr viele Riechzellen in ihrer Nase. Ein Mensch hat ungefähr 5 Millionen Riechzellen, bei einem Hund können es bis zu 220 Millionen sein! Außerdem kann ein Hund **einzelne Duftstoffe** erkennen, während wir Menschen zum Beispiel bei einem Essen nur den Geruch des gesamten Gerichts wahrnehmen.

Spürhunde
Weil Hunde so einen guten **Geruchssinn** haben, kann man sie als Spürhunde einsetzen. Ein Spürhund ist darauf trainiert, einen bestimmten Geruch zu erkennen und zu reagieren, wenn er den Geruch wahrnimmt. Polizisten lassen ihre Spürhunde zum Beispiel Drogen oder Sprengstoff erschnüffeln. Bei Katastrophen nutzen Rettungsteams die feine Nase ihrer Hunde, um nach einem Erdbeben Menschen unter den Trümmern zu finden. Man kann Hunde auch darauf trainieren, Fährten von Tieren aufzunehmen.

Blindenführhunde

Blindenführhunde helfen blinden und sehbehinderten Menschen, sich im Alltag besser zurechtzufinden. Für diese Aufgabe müssen die Hunde besonders **intelligent** und **nervenstark** sein. Sie erkennen Hindernisse auf dem Boden und helfen, den richtigen Weg oder Treppen, Ein- oder Ausgänge und Haltestellen zu finden. Dazu gibt der Führer seinem Hund passende Kommandos, die sogenannten Hörzeichen. Die Ausbildung zum Blindenführhund dauert bis zu zwölf Monate.

Polizeihunde

Für den Einsatz bei der Polizeiarbeit muss ein Hund besondere Eigenschaften haben und gut ausgebildet werden. Polizeihunde sind **mutig** und **verlässlich.** Der Polizist bildet seinen Hund selbst aus und der Hund wohnt in seiner Familie. Während der Ausbildung lernt der Polizeihund zum Beispiel, Beweismittel aufzuspüren, die Fährte eines Täters zu verfolgen und seinen Hundeführer zu verteidigen. Polizeihunde werden auch oft als Spürhunde für den Zoll oder die Kriminalpolizei eingesetzt, zum Beispiel bei der Suche nach Drogen.

Erfahre mehr

Die Hundeohren

Hunde können ihre Ohren bewegen und in die Richtung drehen, aus der ein Geräusch kommt. Dadurch hören sie besonders gut. Spitze Hundeohren sind etwas beweglicher als Schlappohren. Hunde hören auch sehr hohe und sehr tiefe Töne, die wir Menschen nicht wahrnehmen können.

Therapiehunde

Ein Therapiehund hilft Menschen, die krank oder körperlich eingeschränkt sind. Manche Hunde werden als **Besuchshund** im Altenheim eingesetzt. Sie schmusen und spielen mit den Bewohnern. Diese werden durch das Zusammensein mit dem Hund wieder fröhlicher oder fühlen sich nicht mehr so einsam.

Hunderassen

Weil ich so ein großer Hundefan bin, hat mir meine Oma zum Geburtstag ein Hundelexikon geschenkt. Darin habe ich gelesen, dass es auf der Welt über 300 Hunderassen gibt. Das sind ganz schön viele verschiedene Hunde. In meinem Lexikon steht, dass Golden Retriever gern ins Wasser gehen – das stimmt, Henry liebt Wasser! Wenn ich Oma das nächste Mal besuche, kann ich ihr erzählen, was ich schon alles über Hunde gelesen habe.

Die verschiedenen Hunderassen sind durch Zucht entstanden. Dabei wird vom Züchter ausgewählt, welche Tiere sich vermehren dürfen und Welpen bekommen. So sind zum Beispiel verschiedene Jagdhunderassen entstanden, weil die Züchter nur mit den Tieren gezüchtet haben, die besonders gut jagen konnten.

Mischlingshund oder **Mischling** nennt man einen Hund, dessen Eltern nicht zur gleichen Rasse gehören.

Deutscher Schäferhund

Der Deutsche Schäferhund wurde ursprünglich in Süddeutschland gezüchtet und als **Hütehund** genutzt. Mittlerweile werden Schäferhunde sehr vielseitig eingesetzt: als Polizeihunde, Rettungshunde oder Wachhunde. Sie sind sehr **wachsam** und haben einen ausgeprägten **Beschützerinstinkt.** Aber auch als Familienmitglied sind Schäferhunde sehr beliebt, weil sie so ausgeglichen und verspielt sind.

Deutscher Schäferhund

Mischling

Dalmatiner

Pudel

Einen Pudel erkennt man an dem **lockigen Fell.** Weil Pudel kaum Haare verlieren, müssen sie regelmäßig geschoren werden. Bei der sogenannten **Schur** wird das Fell gekürzt. Pudel gibt es in verschiedenen Größen und Fellfarben. Ihr Gang wirkt oft stolz und elegant. Sie sind sehr freundliche Hunde, die gerne schwimmen und jagen.

Pudel

Dalmatiner

Diese lebhafte Rasse stammt aus Kroatien. Dalmatiner haben ein **schwarz-weiß geflecktes Fell.** Doch die meisten Dalmatinerwelpen kommen weiß zur Welt. Die schwarzen Flecken im Fell entstehen erst nach ungefähr zwei Wochen.

Golden Retriever

Diese Rasse wurde in Schottland gezüchtet. Das **goldene Fell** entsteht erst in einem Alter von ungefähr zwei Jahren. Vorher ist das Fell des Golden Retrievers fast weiß. Weil diese Hunde so gern Gegenstände fangen und wiederbringen, haben sie den Namen Retriever bekommen. Das englische Wort *to retrieve* bedeutet *apportieren,* also herbeibringen.

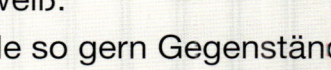

Golden Retriever

Jack Russell Terrier

Die Jack Russell Terrier stammen aus Großbritannien. Diese Hunde sind sehr **lebhaft** und brauchen **viel Bewegung.** Ihr dicht anliegendes Fell kann verschiedene Farben haben und schützt sie gut vor Nässe und Kälte. Diese Hunde sind sehr fröhlich und intelligent. Sie **spielen gern** und wollen immer beschäftigt werden.

Chihuahua

Chihuahuas stammen aus **Mexiko** und sind die **kleinsten Hunde der Welt.** Weil sie so klein sind, brauchen sie nicht so viel Auslauf wie andere Hunderassen. Chihuahuas sind sehr **mutig und wachsam.** Deswegen bellen sie auch oft. Typisch für den Chihuahua sind die großen Augen und die kurze Schnauze.

Jack Russell Terrier

Chihuahua

Verschmuste Stubentiger

In unserem Haus ist Henry bisher das einzige Haustier. Aber meine Oma hat sogar zwei Haustiere: Aila und Molly. Das sind zwei Katzen, die Oma letztes Jahr aus dem Tierheim geholt hat. Aila und Molly sind Schwestern und sie sind unzertrennlich. Oma hat mir erklärt, dass es für Katzen schöner ist, wenn sie zu zweit in einer Wohnung leben. Und für Oma ist es auch gut, dass die beiden bei ihr sind. So ist sie nicht mehr so viel allein.

Katzen leben schon seit vielen Jahrtausenden mit Menschen zusammen. Im Gegensatz zu Hunden kann man sie auch länger allein lassen, weil sie sehr **eigenständig** sind. Sie schmusen und spielen gern mit Menschen, aber Katzen ziehen sich auch manchmal zurück. Sie verschlafen oft einen großen Teil des Tages und suchen sich in jedem Raum einen Lieblingsplatz.

Katzen mögen es warm und kuschelig, sie legen sich zum Beispiel gern in kleine Kisten und Körbchen hinein. Die männliche Katze heißt **Kater,** die weibliche nennt man **Katze.** Ihr Nachwuchs sind die **Jungen.** Kater sind meistens größer und schwerer als Katzen.

! Das musst du wissen

Stubentiger oder Freigänger
Katzen finden es spannend, als **Freigänger** draußen umherzustreifen und alles zu entdecken. Aber wenn man in der Stadt wohnt, wo viele Autos fahren, ist es draußen oft zu **gefährlich** für Katzen. Sie könnten von einem Auto überfahren werden. Deswegen halten viele Menschen ihre Katze im Haus oder in der Wohnung. Dort fühlen Katzen sich auch wohl, wenn sie sich frei bewegen können und in der Wohnung alles erkunden dürfen. Für **Wohnungskatzen** ist es besser, wenn sie zu zweit sind, damit sie sich nicht langweilen.

Wenn du deine Katze gut versorgen willst, musst du ihr täglich frisches Wasser und Futter geben. Beim Futter sind Katzen sehr **wählerisch.** Manchmal rühren sie ihren Futternapf nicht an, obwohl ihnen das Futter gestern noch geschmeckt hat. **Trockenfutter** kannst du länger im Napf liegen lassen, aber **Feuchtfutter** musst du wegwerfen, wenn die Katze es den ganzen Tag nicht gefressen hat. Es verdirbt sehr schnell.

Außerdem braucht deine Katze ein gemütliches Bett. Katzen mögen auch gern **Kuschelhöhlen,** in die sie sich zurückziehen können. Besonders gern liegen sie an einem warmen Platz, zum Beispiel auf der Heizung.

Jede deiner Katzen braucht ein **Katzen-klo,** das an einem ruhigen Ort steht. Du musst es jeden Tag säubern und frische **Katzenstreu** nachfüllen.

Katzenklo

Für den Besuch beim Tierarzt ist eine **Transport-box** wichtig. So kannst du ceine Katze sicher transportieren.

Transportbox

Das Fell deiner Katze kannst du mit einer **Bürste** pflegen. Manche Rassen haben sehr langes Fell. Diese Katzen müssen häufiger gebürstet werden, damit das Fell nicht verknotet.

Putzen, jagen und spielen

Henry hat einmal Mamas Hausschuh zerkaut. Da war er erst ein paar Tage bei uns und wusste noch nicht, dass er das nicht darf. Aber jetzt macht er so etwas nicht mehr und kaut nur noch auf seinen Knochen herum. Als Aila und Molly bei Oma eingezogen sind, haben sie direkt ihre Krallen an Omas Sofa gewetzt. Das fand Oma nicht so schlimm. Aber sie hat den beiden am nächsten Tag trotzdem einen Kratzbaum gekauft. Jetzt bleibt das Sofa heil. Abends sitzt Oma gemeinsam mit ihren Katzen darauf und macht es sich gemütlich. Aila und Molly liegen dann schnurrend auf Omas Schoß und lassen sich kraulen.

Das braucht deine Katze:

- ☑ ein Körbchen oder eine Kuschelhöhle
- ☑ einen Wassernapf
- ☑ einen Futternapf
- ☑ ein Katzenklo
- ☑ eine Bürste
- ☑ einen Kratzbaum
- ☑ Spielzeug
- ☑ eine Transportbox
- ☑ eine Decke
- ☑ einen Kletterbaum

Deine Katze braucht einen **Kratzbaum,** denn daran schärft und kürzt sie ihre Krallen. Wenn Katzen draußen leben, machen sie das auch an Baumstämmen.

! **Das musst du wissen**

Fellpflege

Katzen **putzen** sich jeden Tag sehr ausgiebig. Dabei lecken sie mit ihrer **rauen Zunge** ihr Fell ab. So wird das Fell sauber und gleichzeitig werden die Talgdrüsen angeregt. Dadurch verteilt sich eine dünne Talgschicht auf dem Fell und es wird wasserabweisend.

Katzen **spielen** und **jagen** gern. Wenn Katzen Freigänger sind, jagen sie draußen Mäuse und Vögel. Das ist ein natürlicher Instinkt der Katze, der **Jagdtrieb.** Manche Katzen bringen dann ihre Beute mit nach Hause und legen sie vor die Tür. Damit wollen sie ihren Menschen ein besonderes Geschenk machen.

Ein Ersatz für das Jagen ist das Spielen mit Katzenspielzeug. Die Katze kann sich an ihre Beute anpirschen, hinterherspringen und mit den Pfoten danach schlagen.

Probier's doch mal

Katzenspielzeug

Damit deine Katze sich nicht langweilt, kannst du ihr Spielzeug kaufen. Du kannst aber auch ganz einfach selbst ein lustiges Spielzeug für deine Katze basteln.

Du brauchst: einen alten Strumpf und einen kleinen Ball

So geht es: Stecke den Ball in den Strumpf und verknote das Ende.

Der Strumpfball hüpft ungleichmäßig, wenn man ihn wirft. Das findet deine Katze bestimmt spannend und jagt ihm hinterher!

Erfahre mehr

Katzenaugen

Katzen können besonders bei Dämmerung gut sehen. Dann weiten sich die **Pupillen** der Katzenaugen, sodass mehr Licht hineinfallen kann. Das ist für Katzen wichtig, weil sie vor allem in der Dämmerung jagen und dann ihre Beute besser sehen können.

Ist es sehr hell, verengen sich die Pupillen der Katze zu schmalen Schlitzen.

Katzensprache

Wenn ich Oma besuche, werde ich meistens von ihren Katzen begrüßt. Sie streichen dann um meine Beine herum und reiben manchmal auch ihre Köpfe an meiner Hose. Oma hat mir erklärt, dass die beiden mir damit zeigen wollen, dass sie mich mögen. Wenn ich aber Henry mitbringe, springen Aila und Molly direkt auf den Wohnzimmerschrank. Henry ist ihnen viel zu wild! Manchmal machen sie einen richtigen Katzenbuckel und fauchen ihn an, wenn er am Schrank hochspringt. Dann weiß Henry, dass die beiden keine Lust haben, mit ihm zu spielen.

Eine Katze zeigt dir mit ihrer **Körpersprache**, wie sie sich gerade fühlt und was sie will. Am **Schwanz** der Katze kannst du erkennen, in welcher Stimmung sie ist: Wenn eine Katze den Schwanz erhoben hat, ist sie gut gelaunt und hat vielleicht Lust, mit dir zu spielen. Hängt der Schwanz locker herunter, ist sie entspannt. Mit einer zuckenden Schwanzspitze zeigt die Katze, dass sie angespannt ist und man sie besser in Ruhe lässt. Wenn ihr Schwanz hin und her schwingt, ist sie nervös oder aggressiv. Also genau anders als beim Hund, der vor Freude mit dem Schwanz wedelt.

! Das musst du wissen

Der Katzenbuckel

Wenn eine Katze ihren Rücken nach oben aufwölbt, nennt man das Katzenbuckel. Diese Reaktion der Katze kann verschiedene Bedeutungen haben. Wenn die Katze gleichzeitig ihre Haare aufstellt, die Krallen ausfährt und die Ohren anlegt, gefällt ihr etwas nicht. Lasse sie jetzt besser in Ruhe, sie könnte dich sonst kratzen oder beißen. Es kann aber auch sein, dass die Katze gerade gestreichelt wird und dabei einen Katzenbuckel macht. Dann genießt sie die Streicheleinheit und fängt meistens an zu schnurren. Wenn Katzen sich recken und strecken, machen sie auch einen Katzenbuckel.

Katzenbuckel

Europäisch Kurzhaar

Die **Europäisch Kurzhaar** ist eine Hauskatzenrasse aus Europa. Es gibt sie in ganz vielen verschiedenen Fellfarben. Sie ist sehr robust und pflegeleicht. Sie braucht viel **Freiraum,** deswegen fühlt sie sich als reine Wohnungskatze meistens nicht so wohl.

Katzen sind manchmal sehr **eigenwillig** und zeigen deutlich, wenn ihnen etwas nicht gefällt. Es kann sein, dass deine Katze mit ihrem Futter unzufrieden ist oder das Katzenklo nicht rechtzeitig sauber gemacht wurde. Dann ist deine Katze vielleicht beleidigt und geht dir aus dem Weg.

Will eine Katze schmusen, kommt sie von allein zu dir. Wenn sie dann keine Lust mehr hat, geht sie wieder. Liegt die Katze mit geschlossenen Augen auf ihrem Schlafplatz, will sie ihre Ruhe haben. Störst du sie dann und fasst sie an, kann es passieren, dass sie mit der Pfote nach deiner Hand schlägt.

Maine Coon

! Das musst du wissen

Katzenlaute

Katzen machen sich auch mit Lauten bemerkbar. Wenn eine Katze **miaut,** dann will sie meistens etwas. Vielleicht ist eine Zimmertür verschlossen oder der Futternapf ist leer? Es kann auch passieren, dass die Katze versehentlich in einem Raum eingesperrt wurde. Dann macht sie ebenfalls durch Miauen auf sich aufmerksam.

Schnurrt die Katze, fühlt sie sich wohl. Das machen Katzen oft, wenn man sie streichelt und mit ihnen schmust.

Fauchen ist eine Warnung. Lass die Katze jetzt besser in Ruhe.

Die **Maine Coon** ist eine der größten Katzenrassen und stammt aus den USA. Diese Katzen werden auch *sanfte Riesen* genannt, weil sie so groß und gleichzeitig **verschmust** sind.

Die spannende Unterwasserwelt

Mein großer Bruder Julian hat mir heute von seinem Aquarium-Dienst erzählt. In seiner Schulklasse steht ein Aquarium, um das sich die Klasse gemeinsam kümmert. Heute war Julian zusammen mit zwei Freunden an der Reihe, die Fische zu versorgen. Sie haben das Aquarium saubergemacht und frisches Wasser nachgefüllt. Dann haben sie die Wassertemperatur geprüft und den Fischen Futter gegeben. Julian mag am liebsten die Neonfische, weil sie so schön bunt leuchten.

In einem Aquarium gibt es viel zu entdecken! Denn die Fische brauchen nicht nur Wasser, sondern auch **Pflanzen** und **Verstecke** wie Steine und Wurzeln, um sich wohlzufühlen. Du kannst also dein eigenes Aquarium besonders schön einrichten. Bevor du aber alles einrichtest, ist es wichtig, den richtigen Platz für das Aquarium zu finden. Es darf nicht in der Sonne stehen, denn dann wachsen die Algen zu schnell nach und du musst das Becken besonders oft reinigen.

Dein Aquarium braucht auch einen Heizstab, damit die **Wassertemperatur** immer angenehm für die Fische ist. Eine Pumpe und ein Filter reinigen das Wasser und eine Lampe sorgt für das richtige **Licht**. Das Becken sollte auch groß genug sein, damit die Fische **viel Platz** zum Schwimmen haben.

Einsaugen

Herauspressen

! Das musst du wissen

So atmen Fische

Fische atmen durch ihre **Kiemen.** Das sind Öffnungen, die links und rechts seitlich am Kopf des Fisches sitzen. Der Fisch saugt das Wasser durch sein Maul ein und presst es durch die Kiemen wieder heraus. In den Kiemen wird der **Sauerstoff** aus dem Wasser aufgenommen. Fische können nur unter Wasser atmen, deswegen dürfen sie nicht aus dem Wasser herausgeholt werden. Ohne Wasser sterben sie schon nach kurzer Zeit.

Der Neonsalmler wird auch **Neonfisch** genannt. Er stammt aus Südamerika. Neonfische leben in Schwärmen, deshalb solltest du mindestens fünfzehn Neonfische zusammen in deinem Aquarium halten. Diese Fische mögen es gern etwas dunkler mit einer dichten Bepflanzung im Aquarium. Neons vertragen sich auch gut mit anderen südamerikanischen Kleinfischen. Das sind zum Beispiel Panzerwelse, Rotflossensalmler oder schwarze Neons.

Neonsalmler

Das Futter für die Fische wird täglich durch die Öffnung im Deckel des Aquariums gestreut. Streue immer nur **wenig Futter** auf einmal in das Wasser. Es darf nur so viel gefüttert werden, wie die Fische in ungefähr fünf Minuten auffressen. Wenn du zu viel fütterst, können die Reste des Futters das Wasser verschmutzen.

Damit es deinen Fischen gut geht, musst du mindestens einmal in der Woche die Scheiben des Aquariums reinigen und regelmäßig einen Teil des Wassers erneuern.
Fische brauchen nämlich immer genug frisches und **sauberes Wasser,** weil sie unter Wasser atmen. Achte auch auf die richtige Temperatur in deinem Aquarium. Welche Temperatur richtig ist, hängt von den Fischarten ab, die du ausgewählt hast. Es sollten nicht zu viele Fische in deinem Aquarium leben. Denke daran, dass die Fische noch wachsen und sich vielleicht vermehren. Passen in dein Aquarium zum Beispiel 60 Liter Wasser, solltest du nicht mehr als 20 kleine Fische hineinsetzen. Außerdem musst du darauf achten, dass sich die **Fischarten** gut vertragen.

Erfahre mehr

So schlafen Fische
Weil Fische **keine Augenlider** haben, können sie ihre Augen nicht schließen. Deshalb ist es gar nicht so einfach, einen schlafenden Fisch zu erkennen. Zum Schlafen verstecken sie sich gern unter Steinen und in Höhlen. Manche Fische legen sich auch flach auf den Boden und decken sich mit Sand zu. Damit schützen sie sich vor Tieren, die sie fressen könnten.

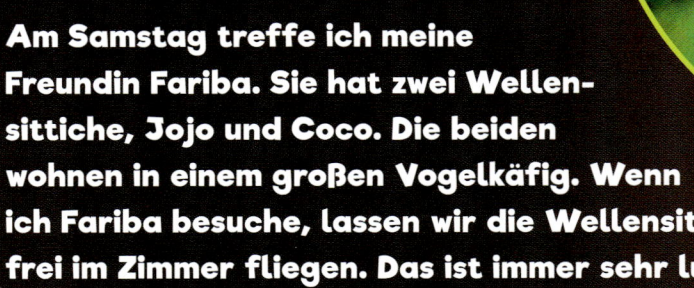

Kanarien-vogel

Unzertrennliche

Flugstunde

Am Samstag treffe ich meine Freundin Fariba. Sie hat zwei Wellensittiche, Jojo und Coco. Die beiden wohnen in einem großen Vogelkäfig. Wenn ich Fariba besuche, lassen wir die Wellensittiche frei im Zimmer fliegen. Das ist immer sehr lustig, denn die Vögel sind so neugierig! Letztens haben Fariba und ich gemeinsam ein Puzzle gemacht. Coco hat dann einfach eines der Puzzleteile mit dem Schnabel genommen und an eine andere Stelle gelegt. Ganz schön frech!

Mit Vögeln wird es nie langweilig. Manchen Vögeln kannst du sogar mit etwas Geduld das Sprechen beibringen. Die meisten Vogelarten sind sehr **gesellig,** deswegen sollte man Vögel nicht allein halten. Wenn sie zu zweit sind, können sie miteinander spielen, sich gegenseitig das Gefieder kraulen oder auch einmal streiten.

Damit deine Vögel sich nicht langweilen und eingeengt fühlen, sollten sie genug Platz in ihrem Käfig haben. Sie freuen sich über verschieden dicke **Äste und Stangen,** auf denen sie sitzen und herumklettern können. Außerdem ist es wichtig für die Vögel, dass sie täglich frei im Zimmer **fliegen** dürfen. Aber Vorsicht: Die Fenster und Türen müssen gut verschlossen sein, damit deine Vögel nicht wegfliegen!

! Das musst du wissen

Das Gefieder
Das Gefieder besteht aus vielen einzelnen **Federn** und schützt den Vogel vor Kälte. Weil die Federn sich mit der Zeit abnutzen, verlieren Vögel ein oder zwei Mal im Jahr ihre Federn. Das nennt man **Mauser.** Dann wachsen neue Federn nach. Außerdem putzen Vögel ihr Gefieder jeden Tag sehr ausgiebig und sorgfältig.

Wellensittiche
Wellensittiche stammen ursprünglich aus Australien. Sie sind sehr **verspielt** und brauchen **täglichen Freiflug.** Weil sie in der Natur in Schwärmen leben, nennt man sie auch **Schwarmvögel.** Deshalb darfst du nie einen Wellensittich allein halten.

Nymphensittich

Papageien

Probier's doch mal

Frage im Tierfachgeschäft nach, was das richtige Futter für deine Vögel ist. Außerdem freuen sich die Vögel über **frisches Futter** wie Obststücke, Gemüsestücke oder Salatblätter. Probiere einfach aus, was ihnen besonders gut schmeckt. Gib ihnen auch täglich frisches Wasser.

Damit deinen Vögeln nicht langweilig wird, kannst du ihnen eine Schaukel in den Käfig hängen. Wellensittiche zum Beispiel schaukeln sehr gern. Achte darauf, dass der Vogelkäfig nicht in der Zugluft steht. Das vertragen Vögel gar nicht. Weil Vögel recht viel Lärm machen, solltest du sie nicht in dein Schlafzimmer stellen.

Um den Käfig sauber zu halten, sammelst du täglich den Kot vom Boden ab. Du musst den Käfig regelmäßig auswaschen und den Sand erneuern.

Wenn du dich jeden Tag mit deinen Vögeln beschäftigst, werden sie zutraulich und kommen vielleicht sogar auf deine Hand.

Frische Kräuter selbst ziehen

Du kannst selbst frische Kräuter für deine Vögel anpflanzen und deine Tiere damit verwöhnen. Versuche es doch einmal mit der **Vogelmiere.** Diese Pflanze fressen Vögel sehr gern. Du kannst sie auf dem Fensterbrett, auf dem Balkon oder im Garten in einem kleinen Topf anpflanzen. Wichtig ist, dass die Pflanze nicht in der Sonne steht. Sie wächst schnell nach, wenn du die Erde immer feucht hältst. Um die Pflanze zu ernten, schneide sie knapp über dem Boden mit einer Schere ab.

Wellensittiche

Niedliche Langohren

Im Sommerurlaub habe ich Milena kennengelernt. Eigentlich hat Henry sie zuerst gesehen, denn er wollte unbedingt an ihrer Hose schnüffeln. Milena fand Henry direkt toll und hat gefragt, ob sie ihn streicheln darf. Weil wir uns so gut verstanden haben, sind wir jeden Tag zusammen spazieren gegangen. Bei unseren Spaziergängen hat mir Milena viel von ihren Kaninchen erzählt. Leider wohnen wir sehr weit voneinander entfernt, deshalb schreiben wir uns jetzt Briefe und E-Mails. Heute ist eine E-Mail von Milena angekommen und sie hat mir ein Foto von ihren Kaninchen Krümel und Flocke geschickt. Die beiden sind so niedlich!

Kaninchen sind zutrauliche Haustiere und haben ganz weiches Fell. Es macht Spaß, ihnen beim Hoppeln durch das Zimmer oder im Garten zuzuschauen.
Kaninchen sind sehr **neugierig** und wollen alles erkunden. Du solltest immer zwei Kaninchen zusammen halten. Dann sind sie nicht so allein und können miteinander spielen.

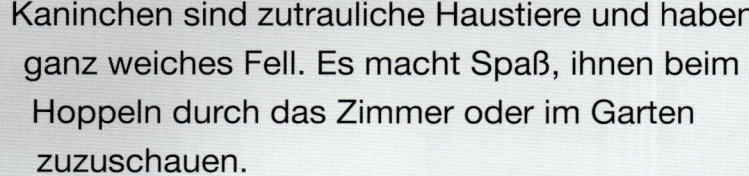

! Das musst du wissen

Kaninchen nagen gern
Bei Kaninchen wachsen die **Nagezähne** ständig nach. Damit sie sich abnutzen, brauchen Kaninchen die Möglichkeit zu nagen. Du kannst deinen Kaninchen harte **Äste** von Obstbäumen geben, damit sie daran knabbern können. Achte darauf, dass die Äste nicht mit chemischen Mitteln gespritzt wurden.
Es gibt auch spezielles Knabberfutter für Kaninchen, das besonders hart ist. Wenn deine Kaninchen nicht genügend Möglichkeiten zum Nagen haben, werden sie beim Freilauf im Zimmer deine Möbel annagen! Außerdem musst du darauf achten, dass deine Kaninchen keine Zimmerpflanzen anknabbern, denn sie könnten giftig sein. Am besten entfernst du alle Pflanzen aus dem Zimmer, in dem die Kaninchen Auslauf haben.

Ich habe Angst.

Ich erkunde meine Umgebung.

Ich bin neugierig!

Ich möchte nicht gestört werden.

Deine Kaninchen brauchen täglich **Freilauf,** damit sie sich bewegen können. Dabei kannst du sie beobachten und an ihrer **Körpersprache** erkennen, wie sie sich fühlen. Außerdem kannst du auch die besonderen Fähigkeiten deiner Tiere beobachten.

Kaninchen können sehen, was hinter ihnen ist. Weil ihre Augen seitlich am Kopf sitzen, haben sie einen größeren **Blickwinkel.** Dadurch haben Kaninchen einen guten **Rundumblick.** Mit den Schnurrhaaren und den Haaren über den Augen können sie ihre Umgebung ertasten. Dass die **Hinterbeine** viel länger sind als die **Vorderbeine,** kannst du sehen, wenn sich dein Kaninchen streckt.

Erfahre mehr

Die Kaninchennase
Das Kaninchen hat einen guten **Geruchssinn** und nimmt Gerüche aus der Umgebung auf. Dabei ist seine Nase immer in Bewegung. Die Nasenlöcher sind von einer **Hautfalte** abgedeckt. Zum Schnuppern zieht das Kaninchen diese Hautfalte rhythmisch zurück. Dadurch entsteht die Bewegung. Man nennt das auch **Nasenblinzeln.**

So fühlen sich deine Kaninchen wohl

Milena hat mir geschrieben, dass sie zusammen mit ihrem Papa ein Außengehege für ihre Kaninchen baut. Dann kann sie die beiden nachmittags nach draußen in den Garten setzen, damit sie auf der Wiese frisches Gras mümmeln können. Das wird Krümel und Flocke bestimmt gefallen.

Kaninchen brauchen einen großen Käfig mit **Einstreu** aus Holzspänen. Darüber kommt eine Schicht **Heu.** Außerdem brauchen sie täglich viel Auslauf. Die meisten Kaninchen suchen sich eine Ecke in ihrem Käfig aus, die sie als Toilette benutzen.
Sie brauchen täglich frisches Wasser, Futter und Heu. Weil der Magen der Kaninchen niemals leer sein darf, muss immer Heu da sein.
Das Heu wird in mehrere **Heuraufen** gefüllt, das Futter kommt in den Futternapf. Deine Kaninchen mögen täglich **frisches Futter** wie Obst und Gemüse.
Ein großes **Häuschen** mit zwei Eingängen ist wichtig, damit die Kaninchen sich darin zurückziehen können. Sie lieben nämlich Höhlen und Verstecke.

So trägst du dein Kaninchen richtig.

Wenn du einen Garten hast, kannst du deine Kaninchen in einem **Freigehege** regelmäßig nach draußen auf den Rasen lassen. Du musst aber darauf achten, dass das Gehege **ausbruchsicher** ist, denn Kaninchen graben sehr gern. Richte das Gehege für deine Kaninchen schön ein. Du kannst auch selbst ein Gehege bauen. Verwende dafür nur **unbehandeltes Naturholz,** denn die Kaninchen könnten das Holz annagen und giftige Holzschutzmittel aufnehmen.

Ein stabiles **Drahtgitter** ist wichtig, damit deine Kaninchen in ihrem Gehege bleiben. Ein Gitter auf dem Gehege verhindert, dass Raubvögel und Tiere wie Marder oder auch Katzen an deine Kaninchen herankommen.

Man kann viele Kaninchenrassen auch das ganze Jahr draußen halten. Es ist wichtig, dass der Kaninchenstall gut geschützt steht und keine Zugluft abbekommt. Das vertragen Kaninchen überhaupt nicht, davon werden sie krank.

Futterbaum

Erfahre mehr

Körperwärme
Über die **Ohren** strahlt das Kaninchen überschüssige Körperwärme ab. Deswegen sind seine Ohren heiß, wenn ihm warm ist. Friert das Kaninchen, legt es seine Ohren dicht an den Körper. Dadurch wird die Körperfläche kleiner und es wird weniger Wärme abgegeben.

Zutrauliche Nager

Morgen ist bei uns in der Schule Haustiertag, dann darf Henry mich begleiten. Auch andere Kinder aus meiner Klasse bringen ihr Haustier mit. Besonders gespannt bin ich auf die beiden Ratten, die Elias mitbringt. Er hat erzählt, dass Lucky und Tarzan auf seiner Schulter sitzen dürfen und sich von ihm durch das Zimmer tragen lassen. Vielleicht traue ich mich auch, eine der Ratten zu streicheln. Hoffentlich wird Henry dann nicht eifersüchtig ...

Ratten und Mäuse sind zutrauliche Haustiere, die sehr **zahm** werden. Genau wie Hamster und Meerschweinchen gehören sie zu den **Nagetieren.** Weil Ratten und auch Mäuse Rudeltiere sind, solltest du immer mindestens zwei oder mehr Tiere zusammen halten. Ratten und Mäuse sind sehr **lebhaft** und lieben es, zu klettern, zu graben, zu rennen oder zu schwimmen. Sie schlafen tagsüber sehr viel, dafür sind sie oft nachts aktiv. Daran solltest du denken, wenn du dir Ratten oder Mäuse als Haustiere anschaffen möchtest. Denn es kann **nachts laut** werden. Weil Ratten und Mäuse mehrmals im Jahr Junge bekommen können, solltest du kein Pärchen halten.

Entscheide dich entweder für zwei Weibchen oder für zwei Männchen.
Die Tiere mögen gern Spielgeräte wie eine Hängematte oder Seile und Röhren. Sie verstecken sich außerdem gern in Höhlen. Du kannst den Käfig mit mehreren **Etagen** einrichten, die du mit Ästen, Rampen oder Seilen verbindest. Baue deinen Ratten oder Mäusen einen richtigen Abenteuerspielplatz, damit sie sich nicht langweilen. Zusätzlich sollten sie jeden Tag mindestens zwei Stunden Auslauf bekommen.
Ratten und Mäuse **nisten** gern, sie bauen **Nester.** Deswegen solltest du deinen Tieren Nistmaterial wie Küchenpapier oder Taschentücher in den Käfig legen.

Maus

! Das musst du wissen

Allesfresser

Mäuse und Ratten fressen viel pflanzliche Nahrung. Aber sie mögen auch Insekten und Mehlwürmer.

Weil ihr Futter aus **pflanzlicher und tierischer Nahrung** besteht, nennt man Ratten und Mäuse auch **Allesfresser.**

Säubere den Käfig deiner Tiere regelmäßig, damit sie sich wohlfühlen.

Sie brauchen täglich Trockenfutter, das vor allem aus Samen und Körnern besteht. Außerdem mögen sie gern frisches Gemüse und Kräuter. Auch Nüsse fressen Ratten und Mäuse gern, aber davon sollten sie nicht zu viele bekommen. Weil Nüsse viel Fett erthalten, werden deine Tiere davon schnell zu dick.

Du kannst ihnen einmal in der Woche etwas mageren Quark geben. Besonders Ratten mögen auch gekochte Eier und gekochtes Fleisch. Das Fleisch darf aber nicht gewürzt sein. Gib deinen Tieren also keine Reste von deinem Essen!

Das Wasser im Wassernapf solltest du täglich erneuern.

Maus

🔍 Erfahre mehr

Vorsicht beim Fressen!

Ratten sind **vorsichtig,** wenn sie ein Nahrungsmittel nicht kennen. Sie warten ab und meistens probiert ein Tier das unbekannte Futter. Wenn die Nahrung gut vertragen wird, fressen auch die anderen Ratten davon.

Ratten

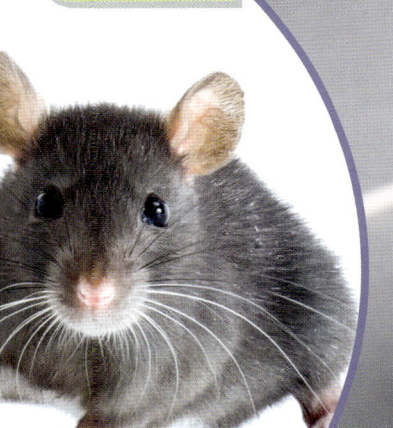

Teddyhamster

Goldhamster

Erfahre mehr

Die Sinne des Hamsters
Hamster sehen schlecht und unterscheiden nur **zwei Farben.** Sie haben aber ein sehr gutes Gehör und hören besonders **hohe Töne** gut. Deswegen mag dein Hamster auch keinen Lärm oder schrille Geräusche.
Der **Geruchssinn** des Hamsters ist sehr gut ausgeprägt. Hamster erkennen sich gegenseitig am Geruch. Dein Hamster erkennt dich an deiner Stimme und deinem Geruch.

Zwerghamster beim Putzen

Nachtaktive Einzelgänger

Der Haustiertag war echt toll! Henry hat sich gut benommen und wurde natürlich von vielen Kindern gestreichelt. Und ich habe mich getraut, eine der Ratten anzufassen. Ihr Fell war ganz kuschelig weich. Ich würde auch gern einmal einen Hamster streicheln, denn Hamster finde ich total niedlich. Aber unsere Lehrerin hat uns erklärt, dass Hamster tagsüber schlafen und auch gar nicht so gern von Fremden angefasst werden. Deswegen wurde auch kein Hamster zum Haustiertag mitgebracht. Aber meine Klassenkameradin Marie hat gesagt, dass ich sie einmal besuchen darf. Dann lerne ich ihren Hamster Benni kennen. Natürlich muss ich sie dann abends besuchen, wenn Benni wach ist und durch seinen Käfig turnt. Darauf freue ich mich schon!

Hamster sind hauptsächlich **nachtaktiv,** deswegen schlafen sie tagsüber. Wenn du einen Hamster als Haustier halten möchtest, kannst du ihn also abends oder am frühen Morgen beobachten. Am Tag schläft er und du solltest ihn dann nicht stören. Deswegen muss auch sein Käfig in einem Raum stehen, in dem es tagsüber ruhig ist.
Im Gegensatz zu vielen anderen Haustieren sind Hamster **Einzelgänger.** Du darfst also nur einen Hamster allein halten. Wenn sich zwei Hamster begegnen, kann es passieren, dass sie sich bekämpfen.

Das braucht dein Hamster:

- ☑ Käfig mit hoher Einstreu
- ☑ Laufrad
- ☑ Klettermöglichkeiten auf mehreren Etagen
- ☑ Häuschen und Röhren
- ☑ Sandbad
- ☑ Futternapf und Wassernapf

Hamster **klettern** gern und **bewegen** sich viel. Richte deinem Hamster seinen großen Käfig mit Rampen, Röhren, einem Häuschen und einem Laufrad ein. Du kannst deinem Hamster auch einen **Freilauf** bauen, damit er sich mehr bewegen kann. Achte darauf, dass alles gut abgesichert ist. Weil Hamster so klein sind, können sie durch winzige Lücken **entwischen!** Du solltest deinen Hamster nie frei im ganzen Raum laufen lassen, denn er kann schnell hinter Möbeln verschwinden.

Gib deinem Hamster täglich frisches Wasser und Futter. Er frisst viel Trockenfutter. Außerdem mag er jeden Tag etwas **Frischfutter** wie Gurke, Paprika oder Salat. Schneide ihm kleine Stückchen zurecht und probiere aus, was ihm gut schmeckt. Er freut sich auch über Mehlwürmer und Grillen.

Das musst du wissen

Hamstern
Hamster, die in freier Wildbahn leben, legen in ihrem Bau Vorräte für den Winter an. Das nennt man **Hamstern.** Dieses Verhalten ist angeboren.
Deswegen sammelt auch dein Hamster Vorräte, obwohl er täglich gefüttert wird. Die Vorräte schiebt er in seine großen **Backentaschen** und trägt sie so in seinen Bau. Dort leert der Hamster seine Backentaschen, indem er mit den Pfoten von hinten nach vorn über seine Backen streicht.

Zwei Meerschweinchen ziehen ein

Meine Schwester Antonia bekommt heute zwei Meerschweinchen. Sie hat sich schon lange eigene Meerschweinchen gewünscht. Wir haben vorher mit der ganzen Familie darüber gesprochen, ob wir uns gemeinsam um die Tiere kümmern. Wenn Antonia einmal nicht da ist oder krank wird, kümmern Julian und ich uns um die Meerschweinchen. Mama hat gestern zusammen mit Antonia den Käfig für die Meerschweinchen eingerichtet, damit sie heute in ihr neues Zuhause einziehen können. Ich bin gespannt, wie es Milky und Amy bei uns gefällt. Henry darf jetzt natürlich nicht mehr in Antonias Zimmer!

Meerschweinchen sind sehr **gesellig** und leben gern **mindestens zu zweit.** Weil sie sich schnell vermehren, solltest du dich für Weibchen oder Männchen entscheiden. Wenn du Meerschweinchen als Haustiere halten möchtest, brauchst du einen großen Käfig. Der Boden des Käfigs wird mit Streu bedeckt. Deine Meerschweinchen brauchen ein Häuschen, damit sie darin schlafen können. Wenn sie im Schlafhäuschen liegen, wollen sie nicht gestört werden. Sie mögen gern kleine **Verstecke,** Höhlen und Röhren. Richte den Käfig für deine Tiere mit mehreren Etagen ein.

Es gibt verschiedene Meerschweinchen-rassen. Manche haben kurzes Fell, andere haben langes Fell. Es gibt sie in verschiedenen Farben.

Probier's doch mal

Ein Schlafhäuschen selbst bauen
Du kannst deinen Meerschweinchen selbst ein Schlafhäuschen bauen.
Überlege zuerst, wie groß dein Häuschen werden soll und schreibe die Maße auf. Dein Häuschen sollte auch **zwei Eingänge** haben. Kaufe dir dann **unbehandeltes Naturholz** im Baumarkt. Dort kannst du die Teile auf die richtige Größe zurechtsägen lassen. Besonders gut eignet sich das Holz von Lärche, Fichte oder Kiefer. Die einzelnen Teile des Häuschens verbindest du am besten mit Schrauben.
Fertig ist das Schlafhäuschen!

Rosetten-meerschweinchen

Du kannst deine Meerschweinchen frei im Zimmer laufen lassen. Sie haben gern Platz, um miteinander zu **spielen** und zu **rennen.** Du kannst ihnen einen **Hindernislauf** mit Holzklötzen und umgedrehten Blumentöpfen bauen. Dann können sie über die Hindernisse springen und sich in Winkeln verstecken. Auf einem erhöhten Platz erkunden sie gern die Umgebung. Achte darauf, dass keine Pflanzen im Zimmer stehen, die angefressen werden könnten. Viele Zimmerpflanzen sind giftig für Meerschweinchen! Weil die Tiere gern nagen, sollten auch keine elektrischen Kabel im Raum liegen. Wenn deine Meerschweinchen daran nagen, können sie einen Stromschlag bekommen. Das ist lebensgefährlich für sie! Du kannst deinen Meerschweinchen auch einen **Freilauf** im Garten bauen. Dort solltest du sie aber nie unbeaufsichtigt lassen.

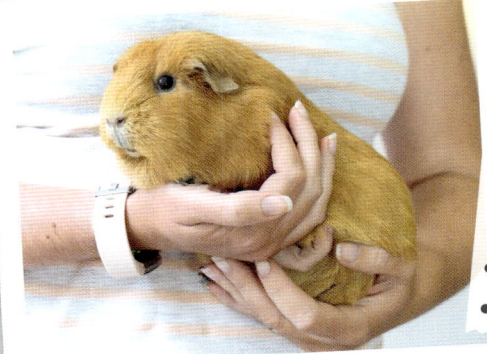

So trägst du dein Meerschweinchen richtig.

Achte darauf, deine Meerschweinchen nicht zu fest zu drücken, damit du ihnen nicht wehtust. Hebe sie immer **behutsam** hoch und fasse sie **vorsichtig** an.

Das musst du wissen

Krallenpflege

Die Krallen von Meerschweinchen wachsen ständig nach. Damit sie sich abnutzen, brauchen deine Meerschweinchen zum Beispiel einen rauhen Stein zum Darüberlaufen. Nutzen sich die Krallen nicht genügend ab, müssen sie gekürzt werden. Das macht der Tierarzt mit einer Spezialzange.

Angora-meerschweinchen

Glatthaar-meerschweinchen

So viele tolle Nagetiere

Ich freue mich richtig, dass Milky und Amy jetzt bei uns wohnen. Sie sind so neugierig und auch schon sehr zutraulich geworden. Um alles über Meerschweinchen zu erfahren, haben wir in der Bücherei mehrere Bücher über Meerschweinchen und Nagetiere ausgeliehen. Darin haben wir nachgelesen, dass Milky und Amy sogar Kiwi und Brokkoli fressen dürfen. Jetzt probieren wir aus, welches Obst und Gemüse ihnen am besten schmeckt. In den Büchern werden auch viele andere Nagetiere vorgestellt. Es macht richtig Spaß, darin zu blättern.

Meerschweinchen fressen vor allem viel **Heu.** Ihr Magen darf nie leer sein. In ihrem Käfig sollte es zwei Raufen geben. Eine Raufe ist für das Heu, die andere Raufe ist für **frisches Grünfutter.** Du kannst deinen Meerschweinchen jeden Tag Löwenzahn und Gras pflücken und in die Raufe geben. Sie mögen auch Obst und Gemüse. Biete ihnen verschiedene Sorten an und probiere aus, was ihnen schmeckt. Gib ihnen zweimal täglich verschiedene Sorten. Den Wassernapf für deine Meerschweinchen füllst du jeden Tag mit frischem Wasser.

Ich fühle mich wohl.

Wir beschnuppern uns gegenseitig.

Ich recke mich nach Futter.

! Das musst du wissen

Meerschweinchensprache
Meerschweinchen geben verschiedene Laute von sich. Wenn sie leise **glucksen,** fühlen sie sich meistens wohl. Sie verständigen sich auch untereinander mit Gluckslauten. Um vor Gefahr zu warnen, stoßen sie ein lautes **Quieken** aus. Meerschweinchen quieken auch, wenn sie um Futter betteln. Wenn du deine Meerschweinchen verstehen willst, musst du auch ihre **Körpersprache** beobachten.

Das Chinchilla

Chinchillas sind sehr **verspielt** und vor allem **nachts aktiv.** Sie stammen ursprünglich aus Chile in Südamerika.

Damit sich Chinchillas wohlfühlen, brauchen sie Gesellschaft. Du solltest also niemals ein Chinchilla allein halten, sondern immer zwei Tiere zusammen anschaffen.

Der Käfig muss groß sein und viele Möglichkeiten zum Spielen und Klettern bieten. Wichtig ist auch ein Sandbad mit **Chinchillasand,** damit die Tiere darin ihr Fell pflegen können. Obwohl sie mit ihrem flauschigen Fell sehr kuschelig aussehen, werden Chinchillas nicht so gern angefasst.

Chinchilla

Die Wüstenrennmaus

Wüstenrennmäuse werden auch **Gerbile** genannt. Sie leben in freier Wildbahn in großen Familienverbänden.

Deswegen musst du auch immer mindestens zwei Rennmäuse gemeinsam halten. Damit sie sich nicht vermehren, entscheidest du dich entweder für Männchen oder für Weibchen.

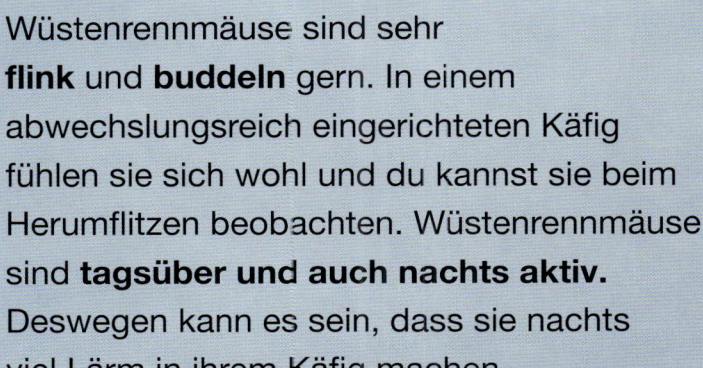

Wüstenrennmäuse sind sehr **flink** und **buddeln** gern. In einem abwechslungsreich eingerichteten Käfig fühlen sie sich wohl und du kannst sie beim Herumflitzen beobachten. Wüstenrennmäuse sind **tagsüber und auch nachts aktiv.** Deswegen kann es sein, dass sie nachts viel Lärm in ihrem Käfig machen.

Erfahre mehr

Lebenserwartung

Chinchillas können bis zu 22 Jahre alt werden. Das ist eine sehr hohe Lebenserwartung für ein **Nagetier.** Meerschweinchen werden bis zu 8 Jahre alt. Die Lebenserwartung von Hamstern liegt nur bei ungefähr 2 Jahren. Auch Mäuse werden meistens nicht älter als 2 Jahre.

Wüstenrennmaus

Im Terrarium

Weil mein Bruder Julian Schlangen so cool findet, waren wir am Sonntag im Zoo. Dort hat Julian stundenlang vor den Terrarien gestanden und die Schlangen beobachtet. Wir haben auch eine Zooführung gemacht. Dabei haben wir erfahren, dass es gar nicht so einfach ist, Tiere im Terrarium zu halten. Viele der Tiere leben ursprünglich im Regenwald. Dort ist das Klima ganz anders als bei uns. Die Pfleger müssen sich gut auskennen, um die Tiere richtig zu versorgen. Deswegen sollte man die meisten Reptilien auch nicht als Haustier halten. Man kann sie besser im Zoo anschauen, wo sie richtig und artgerecht gehalten werden.

Schlangen, Echsen und Schildkröten gehören zu den **Reptilien.** Reptilien haben keine Federn und kein Fell. Ihr Körper ist mit **Schuppen** bedeckt.
Reptilien werden in einem **Terrarium** gehalten. Ein Terrarium besteht aus Glas. Anders als beim Aquarium ist aber meistens kein Wasser darin. Die Einrichtung ist für jedes Tier anders und muss an die Bedürfnisse der Tiere angepasst werden. Manche Tiere brauchen viel Wärme im Terrarium, andere fühlen sich mit besonders feuchter Luft wohl. Die meisten Reptilien mögen Höhlen, in denen sie sich verstecken können.

Bartagame

Einige **Echsenarten** leben in der Wüste, zum Beispiel die **Bartagamen.** Sie brauchen ein Terrarium mit Felsen, Wurzeln und Ästen zum Klettern und Sand zum Graben.
Tiere, die aus tropischen Wäldern kommen, fühlen sich mit vielen Pflanzen wohl. Der **grüne Leguan** zum Beispiel braucht viele Klettermöglichkeiten, ein Wasserbecken und Pflanzen.

Grüner Leguan

Grüner Baumpython

Kornnatter

Schlangen haben keine Beine und Arme. Sie **schlängeln** über den Boden, indem sie ihre Muskeln zusammenziehen und wieder strecken. Sie liegen auch gern auf Ästen. Schlangen riechen mit ihrer Zunge. Indem sie die Zunge herausstrecken, nehmen sie Gerüche auf. Das nennt man **Züngeln.** Schlangen ernähren sich von kleinen Tieren. Fängt eine Schlange zum Beispiel eine Maus, verschlingt sie diese in einem Stück.

Griechische Landschildkröte

Schildkröten gehören zu den ältesten Tieren auf der Erde. Sie haben einen **Panzer,** der sie schützt. Bei Gefahr können sie ihre Beine und den Kopf in den Panzer hineinziehen. Die meisten Schildkrötenarten leben im Wasser. Aber es gibt auch Arten, die an Land leben. Das sind die Landschildkröten. In Deutschland gibt es nur eine heimische Schildkrötenart, die **Europäische Sumpfschildkröte.** Im Winter graben sich die Landschildkröten in die Erde ein und fallen in eine Winterstarre. In dieser Zeit ruhen die Tiere und fressen nichts. Auch viele **Wasserschildkröten** fallen in den Wintermonaten in die Winterstarre.

Wasserschildkröte

Europäische Sumpfschildkröte

Tierschutz

Seit Antonia ihre Meerschweinchen hat, macht sie sich viel mehr Gedanken über den Tierschutz. Sie ist zum Beispiel kritischer mit ihrem Essen geworden und isst jetzt nur noch wenig Fleisch. Ich finde es super, dass Antonia sich über das Thema Tierschutz so gut informiert. Sie erzählt uns alles, was sie erfahren hat, und wir sprechen mit der ganzen Familie darüber. Ich will mich auch für den Tierschutz einsetzen. Ich mag alle Tiere gern und möchte, dass es ihnen gut geht. Es gibt in der Nähe eine Jugendgruppe, die sich regelmäßig trifft und zum Beispiel im Tierheim hilft. Da möchte ich auch mitmachen!

Es ist wichtig, sich um sein Haustier gut zu kümmern und es **artgerecht** zu halten. Das bedeutet, dass man die **Bedürfnisse** des Tieres beachten muss. Deshalb sollten manche Tiere auch nicht als Haustier gehalten werden. Es gibt Tierarten, deren Bedürfnisse man zu Hause nur schwer erfüllen kann. Dazu gehören zum Beispiel viele Reptilien.

Ob sie sich wohlfühlen, sieht man den verschiedenen Tierarten nicht immer an. Deswegen ist es gut, sich genau über das Verhalten und die Bedürfnisse der verschiedenen Tiere zu informieren.

 **Probier's doch mal**

Werde Tierschützer
Es gibt viele Möglichkeiten, wie du dich für den **Schutz der Tiere** einsetzen kannst. Informiere dich auf der Internetseite des Deutschen Tierschutzbundes: *www.jugendtierschutz.de* Hier bekommst du viele Infos und Tipps, zum Beispiel, was zu tun ist, wenn man ein entlaufenes Tier findet. Du erfährst hier auch, was du bei deiner Ernährung oder deiner Kleidung beachten kannst, um **Tierleid** zu vermeiden. Vielleicht hast du sogar Lust, in einem Tierheim zu helfen oder bei einer Jugendgruppe mitzumachen?

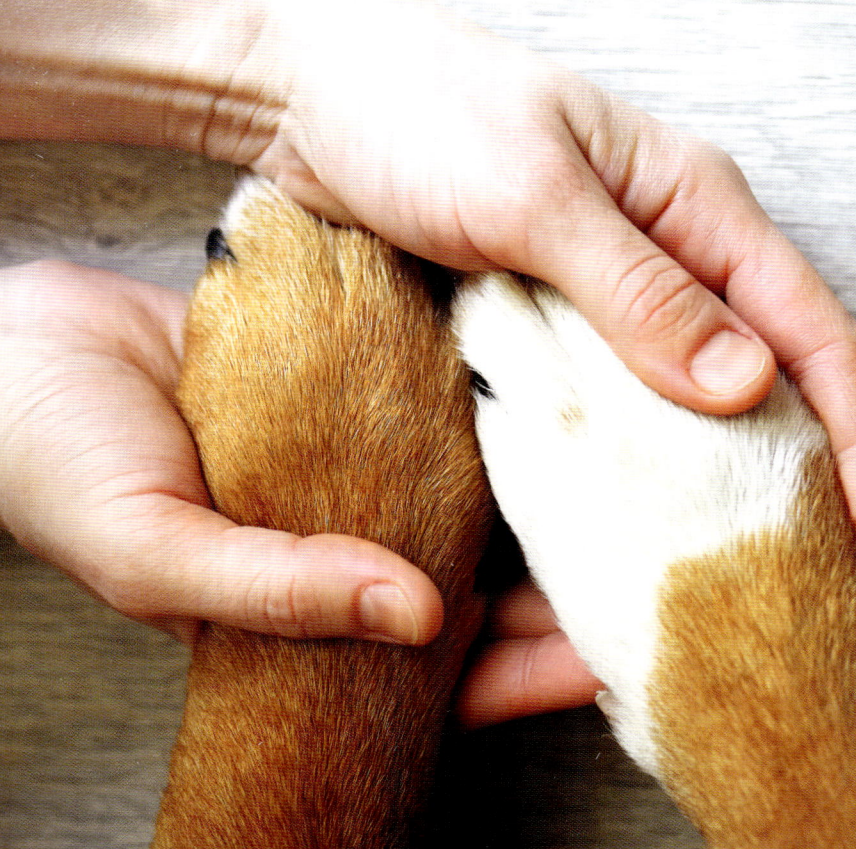

Urlaubszeit

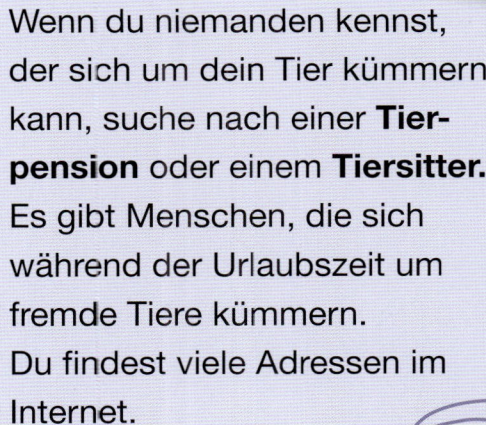

Wenn du dir ein Haustier anschaffst, musst du auch an die Urlaubszeit denken. Überlege, wer sich um das Tier kümmern kann, wenn du nicht da bist. Vielleicht kannst du dein Tier sogar mit an den Urlaubsort nehmen. Hunde zum Beispiel können in viele Ferienwohnungen oder Hotels mitgebracht werden. Die meisten Haustiere können aber nicht mit in den Urlaub fahren. Du musst also vor der Anschaffung eines Haustieres abklären, wo das Tier während deines Urlaubs untergebracht wird.

Haustiere fühlen sich in ihrer **vertrauten Umgebung** wohl. Deshalb kann es für dein Tier stressig sein, wenn es während des Urlaubs in eine fremde Umgebung kommt. Versuche deswegen, ihm diese Zeit so angenehm wie möglich zu machen.

Wenn du niemanden kennst, der sich um dein Tier kümmern kann, suche nach einer **Tierpension** oder einem **Tiersitter.** Es gibt Menschen, die sich während der Urlaubszeit um fremde Tiere kümmern. Du findest viele Adressen im Internet.

Tipp

Auf der Internetseite des Deutschen Tierschutzbundes unter *www.jugendtierschutz.de* findest du Informationen, wo du dein Tier im Urlaub unterbringen kannst.

Besprich mit deiner Urlaubsvertretung alle wichtigen Punkte, bevor du in den Urlaub fährst:

- ☑ Welches Futter braucht mein Tier und wann wird es gefüttert?
- ☑ Was ist bei der Pflege zu beachten?
- ☑ Wie erkenne ich, ob das Tier krank ist?
- ☑ Hat es besondere Eigenarten, die man kennen muss?
- ☑ Braucht es täglichen Freilauf oder Spaziergänge?
- ☑ Wie wird mein Haustier richtig angefasst?
- ☑ Wie lautet die Adresse des Tierarztes für den Notfall?

Besuch beim Tierarzt

Beim Spaziergang hat Henry heute plötzlich gehumpelt und wollte nicht mehr laufen. Wir sind dann direkt mit ihm zum Tierarzt gefahren. Der Tierarzt hat Henrys Bein und die Pfote untersucht. Er hat einen Splitter in der Pfote gefunden. Den hat sich Henry wohl beim Spaziergang eingetreten. Der Tierarzt hat den Splitter herausgeholt und die Wunde gereinigt. Jetzt hat Henry einen Verband um seine Pfote und muss sich schonen. Aber der Tierarzt hat gesagt, dass die Pfote wahrscheinlich schnell verheilt. Und er hat Henry gelobt, weil er so lieb war. Ich bin ganz stolz auf Henry und verwöhne ihn heute mit seinem Lieblingsfutter.

Wenn dein Haustier krank ist, gehst du mit ihm zum **Tierarzt.** Der Tierarzt untersucht dein Tier genau und kann meistens schnell feststellen, was ihm fehlt. Er wird dein Tier behandeln und dir genau erklären, was du selbst tun kannst. Manchmal verschreibt er auch **Medikamente** oder gibt dem Tier eine **Spritze.**

Manche Haustiere müssen regelmäßig geimpft werden, um sie vor Krankheiten zu schützen. Der Tierarzt kann dir erklären, welche **Impfungen** für dein Tier nötig sind.

Auf dem **Behandlungstisch** wird dein Tier untersucht.

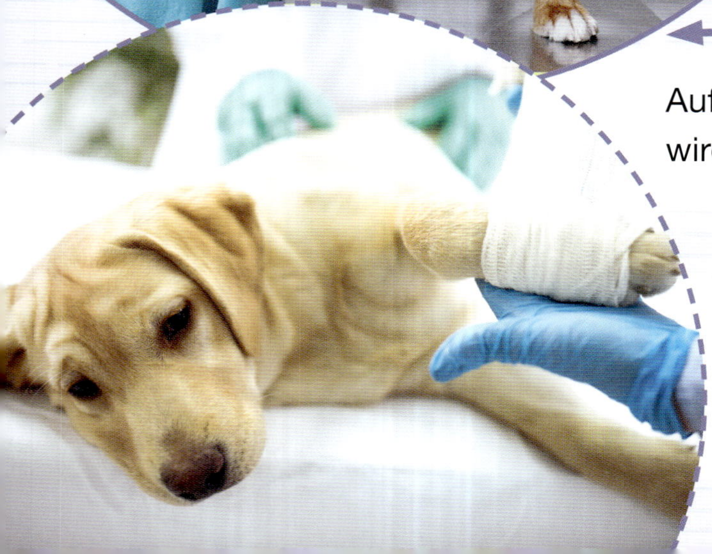

Der Tierarzt hilft deinem Tier, damit es schnell wieder gesund wird.

Es ist wichtig, dass du rechtzeitig erkennst, wenn es deinem Tier nicht gut geht. Bei manchen Krankheiten muss man dem Tier schnell helfen. Deswegen solltest du dein Haustier gut kennen. Wenn ihr viel Zeit miteinander verbringt und du dein Tier genau beobachtest, wirst du schnell erkennen, wenn etwas nicht stimmt. Falls du unsicher bist, ob dein Tier krank ist, gehe besser zum Tierarzt.

Das musst du wissen

So erkennst du, ob dein Tier krank ist

- Dein Tier mag nicht mehr fressen.
- Es verkriecht sich ständig in seinem Bettchen oder Häuschen, obwohl es normalerweise ganz lebhaft ist.
- Es hat Durchfall.
- Das Tier hat stark abgenommen.
- Dein Haustier gibt Schmerzlaute von sich.
- Es mag an bestimmten Körperstellen nicht angefasst werden, die du normalerweise anfassen darfst.
- Dein Tier hat Ausfluss aus der Nase oder den Augen.
- Es humpelt oder kann sich nicht mehr richtig bewegen.
- Dein Tier hat eine Wunde.

Um dein Haustier zum Tierarzt zu bringen, brauchst du vielleicht eine **Transportbox.** Mit einem Hund kannst du zum Tierarzt laufen oder ihn im Auto transportieren. Im Wartezimmer hältst du ihn dann an der Leine bei dir. Eine Katze fühlt sich in einer Katzenbox sicherer. Auch Kaninchen, Hamster und andere kleine Tiere transportierst du in einer Box zum Tierarzt.
Auch einen Fisch kannst du zum Tierarzt bringen. Dafür füllst du einen Eimer oder ein großes Glas mit Wasser aus dem Aquarium. Der Fisch wird vorsichtig hineingesetzt.

Du wartest mit deinem Haustier im **Wartezimmer,** bis ihr an der Reihe seid.

Mein eigenes Haustier

Meinen Hund Henry haben wir damals aus dem Tierheim geholt. Er war erst ein Jahr alt, als er im Tierheim abgegeben wurde. Seine Besitzer hatten keine Zeit für ihn und fanden es zu anstrengend, jeden Tag so viel spazieren zu gehen. Ich finde es traurig, dass so viele Tiere im Tierheim abgegeben werden. Ich würde Henry nie mehr hergeben! Er ist mein Freund und ich sorge gern für ihn, auch wenn es manchmal blöd ist, bei Regenwetter mit ihm Gassi gehen zu müssen. Aber dafür haben wir oft so viel Spaß miteinander und Henry ist immer für mich da.

Es ist toll, ein eigenes Haustier zu haben. Du kannst für das Tier sorgen und viel Zeit mit ihm verbringen. Es macht großen Spaß, lange Spaziergänge mit einem Hund zu machen oder Meerschweinchen beim Spielen zu beobachten. Aber wenn du ein Haustier haben möchtest, musst du auch **Verantwortung** übernehmen und genug **Zeit** für dein Tier haben.

Jedes Tier hat andere **Bedürfnisse.** Deswegen musst du dich vorher gut informieren, welches Tier zu dir passt. Wenn du dich für ein Haustier interessierst, kannst du in Büchern und im Internet nachlesen, wie das Tier richtig versorgt wird. Du kannst auch Freunde fragen, die selbst ein Haustier haben. Welche Erfahrungen haben sie gemacht?

Probier's doch mal

Haustiertag

Vielleicht kann in deiner Schule ein Haustiertag organisiert werden, damit ihr einmal verschiedene Haustiere kennenlernen könnt. Bei einem Haustiertag kann man viel über Haustiere erfahren und sie auch einmal anfassen, wenn man möchte. Wichtig ist, dass nur Tiere kommen, die zutraulich sind. Für ein ängstliches Tier wäre es zu anstrengend, wenn es von so vielen Menschen begutachtet und angefasst wird. Außerdem müsst ihr daran denken, dass manche Tiere sich nicht vertragen. Ein Jagdhund zum Beispiel könnte versuchen, hinter einer Katze oder einem Kaninchen herzujagen. Deswegen müsst ihr vorher mit den Lehrern und Eltern gut absprechen, wie ihr den Haustiertag organisieren wollt.

Bevor du ein eigenes Haustier anschaffst, solltest du folgende Fragen beantworten:

- ☑ Welche Bedürfnisse hat das Tier?
- ☑ Kann ich mich täglich um das Tier kümmern?
- ☑ Wer kümmert sich, wenn ich im Urlaub oder krank bin?
- ☑ Sind alle Familienmitglieder einverstanden mit dem neuen Mitbewohner?
- ☑ Leben schon andere Tiere in unserem Haushalt, die sich vielleicht nicht mit dem neuen Tier vertragen würden?
- ☑ Wie alt kann das Tier werden?
- ☑ Gibt es einen guten Platz in meinem Zuhause für den Käfig oder das Bettchen?
- ☑ Soll das Tier in meinem Zimmer wohnen?
- ☑ Was kostet die Grundausstattung und wie hoch sind die monatlichen Kosten für das Futter? Für Hunde muss man außerdem Hundesteuer zahlen und eine Versicherung abschließen.
- ☑ Darf das Tier in meiner Wohnung gehalten werden?
- ☑ Möchte ich ein Tier, mit dem man viel kuscheln kann? Oder reicht es mir, mein Haustier vor allem zu beobachten?
- ☑ Wo bekomme ich das Tier? Gibt es vielleicht in meiner Nähe ein Tierheim?

Erfahre mehr

Tierheim

Im Tierheim werden Tiere abgegeben, wenn ihre Besitzer sie nicht mehr versorgen können oder wollen. Manchmal setzen Menschen ihre Haustiere auch einfach aus, zum Beispiel, wenn sie in den Urlaub fahren. Wenn diese Tiere dann gefunden werden, landen sie meistens im Tierheim. Wenn du ein eigenes Haustier anschaffen möchtest, kannst du zuerst im Tierheim nachfragen. Die Mitarbeiter im Tierheim erklären dir auch, was du wissen musst, und helfen dir, das passende Tier auszusuchen.

Jetzt hast du ganz viel über Haustiere erfahren und weißt, dass man für ein eigenes Tier auch Verantwortung übernehmen muss. Vielleicht darfst du dich auch um ein Tier kümmern und es versorgen. Ich wünsche dir viel Spaß dabei!

Deine Sophie

Stichwortverzeichnis

Weitere Leselauscher-Bände